Los aztecas

Meredith Costain

Contenido

La civilización azteca	3
Una ciudad inmensa	4
La sociedad azteca	8
La ropa	12
Los peinados	13
La comida	14
Pictogramas aztecas	16
La educación	18
Dioses aztecas	20
El calendario azteca	22
¿Qué pasó con los aztecas?	23
Índice	24

La civilización azteca

Los aztecas dominaron en el pasado gran parte del territorio que hoy llamamos México. El centro de su civilización era una inmensa ciudad llamada Tenochtitlán, construida hace unos 800 años.

Los exploradores españoles llegaron a México hace unos 500 años, y quedaron maravillados por Tenochtitlán, que en aquella época era una de las mayores ciudades del mundo.

Hoy podemos ver las ruinas de Tenochtitlán.

Una ciudad inmensa

El nombre de Tenochtitlán viene del líder azteca Tenoch. Tenoch creía que un dios le había ordenado construir una ciudad, y que sabría dónde debía hacerlo cuando viera a un águila posada en un cactus y devorando una serpiente. Tenoch la vio en una isla en medio del lago Texcoco, y allí fue donde fundó la ciudad de Tenochtitlán. Una imagen de esa águila aparece en la bandera actual de México.

Los aztecas eran hábiles constructores. Para unir su ciudad-islote con la orilla de la laguna, construyeron caminos elevados de piedras sobre el agua. También utilizaron piedra para levantar acueductos que llevaran agua potable a la ciudad.

A comienzos del siglo XVI, había en Tenochtitlán unos 60,000 edificios, en los que vivían más de 250,000 personas.

Este cuadro muestra la ciudad de Tenochtitlán.

Los aztecas más ricos vivían en vistosas casas de piedra de dos pisos. Cada casa rodeaba un patio con una fuente y un jardín lleno de flores, y tenía habitaciones grandes para comer, cocinar y dormir.

Las casas de los plebeyos, o familias ordinarias, eran más pequeñas y sencillas. La mayoría sólo tenía una habitación. Las paredes estaban hechas de ladrillos de barro o de juncos tejidos y recubiertos de barro. Los ocupantes se sentaban y dormían sobre alfombrillas en el suelo. Guardaban la ropa en cajas de madera, y preparaban los alimentos en hogueras, en lugar de en cocinas.

Una familia azteca en su casa

Los aztecas construyeron cientos de templos para sus dioses. Por lo general, un templo estaba en lo alto de una pirámide. Para hacer las pirámides, los aztecas apilaban enormes montículos de tierra que luego cubrían con ladrillos de barro o de piedra. En los lados de la pirámide construían escalones y, en la parte más alta, levantaban los templos.

El Templo del Sol

La sociedad azteca

En la sociedad azteca, muchas personas trabajaban en el cultivo de los campos. Era un trabajo duro, y todo debía hacerse a mano. No había arados, carros ni animales de granja para ayudar en las tareas.

Muchos aztecas eran artesanos y comerciantes. Algunos hacían objetos de uso diario como ollas, cestas, alfombrillas y ropa. Otros fabricaban bellos adornos y joyas con plata, oro, piedras preciosas y plumas.

Las mujeres aztecas trabajaban en el hogar, cocinando, tejiendo y cuidando de los niños.

Algunos aztecas eran nobles. Los nobles eran personas muy ricas, poderosas e importantes en la sociedad azteca. Los sacerdotes y los líderes del gobierno eran nobles. El soberano azteca, o emperador, era elegido de una familia noble.

Guerreros

Los aztecas eran fieros guerreros. Luchaban con lanzas y con mazas bordeadas de cuchillas. Por lo general, los guerreros aztecas no mataban a sus enemigos, sino que los capturaban como prisioneros.

Los mejores guerreros recibían el nombre de guerreros águila o guerreros jaguar. Los guerreros águila llevaban cascos decorados con plumas de águila. Los guerreros jaguar llevaban uniformes hechos de piel de jaguar.

Ser un guerrero era un gran honor, y la mayoría de los muchachos deseaban llegar a ser guerreros. Todos los varones, tanto los de familias ricas como los de familias pobres, recibían entrenamiento militar cuando eran jóvenes.

Deportistas

Los aztecas practicaban algunos juegos que requerían mucha habilidad. Algunas veces, durante los festivales religiosos, practicaban un juego muy rápido llamado *tlachtli*. Este deporte se practicaba con dos equipos en una cancha de piedra, con un anillo de piedra a bastante altura en una pared. Para marcar, los jugadores tenían que introducir una bola de goma dura por el anillo de piedra. Sólo podían tocar la bola con los codos, las rodillas o las caderas. Muchos jugadores terminaban con terribles hematomas y heridas.

La ropa

En la época de los aztecas, era posible saber la importancia de una persona por la ropa que llevaba.

La mayoría de los hombres llevaban una tela sencilla abrochada por la cintura, y otra anudada en los hombros para formar una capa. Las mujeres llevaban largas blusas amplias y faldas enrolladas en la cintura que les cubrían las rodillas. El material con que estaba hecha la ropa eran fibras vegetales, y era muy basto e incómodo.

Sin embargo, las personas que pertenecían a familias ricas llevaban vistosas capas de algodón finamente hilado. ¡La ley prohibía a plebeyos y esclavos llevar capas que les llegaran por debajo de las rodillas! Sólo los nobles podían llevar sandalias en los pies.

La ropa que llevaba un soberano azteca llamado Montezuma

Los peinados

En la época de los aztecas, era posible saber mucho de una persona por su manera de llevar el pelo. Los guerreros se anudaban el pelo sobre la cabeza.

Se podía saber si una mujer estaba casada por su peinado. Una mujer casada llevaba trenzas anudadas alrededor de la cabeza. Todas las demás mujeres y muchachas podían llevar el pelo suelto.

El peinado de estas mujeres indica si estaban casadas o no.

La comida

Los aztecas cultivaban muchos de los alimentos que consumimos hoy en día. Comían maíz, aguacates y tomates. Hacían tortillas, tacos y tamales.

¡Uno de los mejores legados de los aztecas fue el chocolate! Los aztecas trituraban granos de cacao con vainilla y especias, y los mezclaban con agua para hacer una bebida espumosa llamada *chocolatl*. En la cultura azteca, sólo los guerreros y los nobles bebían chocolate.

Estos trabajadores aztecas están guardando granos de cacao en unas jarras.

En Tenochtitlán, los aztecas cultivaban sus cosechas en unos campos especiales llamados chinampas. Para preparar las chinampas, acumulaban tierra y juncos en terreno pantanoso.

Pictogramas aztecas

Los aztecas podían leer y escribir, pero en lugar de usar letras de un alfabeto, para formar palabras, usaban dibujos. Estos dibujos reciben el nombre de pictogramas.

Algunos pictogramas mostraban un objeto o animal. Los aztecas usaban pictogramas sencillos, como éstos, para los nombres de los días. Éstos son los pictogramas de cuatro de sus días.

agua

conejo

águila

lagarto

Los escribas dibujaban el contorno de los pictogramas con palitos puntiagudos y tinta hecha con hollín. Después, rellenaban la figura con colores hechos con plantas, conchas, insectos y minerales. Si querían indicar que algo era muy importante, hacían ese dibujo más grande que los demás. A veces, agrupaban muchos pictogramas.

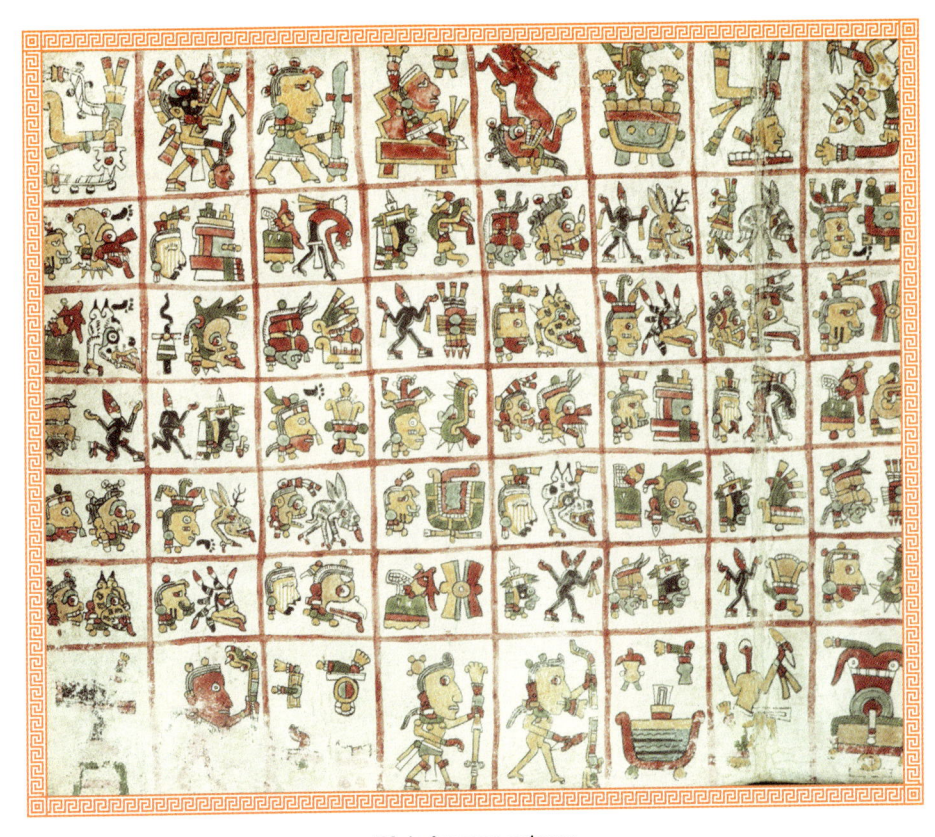

Pictogramas aztecas

La educación

La mayoría de los niños aztecas iban a la escuela. Los varones de familias pobres iban a escuelas gratuitas, donde aprendían historia, religión, música, danza y cómo ser buenos ciudadanos. Sin embargo, pasaban casi todo el tiempo haciendo duros trabajos, como el de cavar zanjas. Esos trabajos los ayudaban a ser más fuertes y resistentes, para que un día pudieran llegar a ser buenos guerreros. Aprendían a usar las armas y participaban en simulacros de batallas con palos de madera.

Los varones de familias ricas asistían a la escuela para aprender a leer y escribir. Estudiaban matemáticas, poesía y leyes. También se les entrenaba para ser guerreros. Cuando terminaban la escuela, se convertían en sacerdotes, generales, jueces o funcionarios del gobierno.

A las niñas de las familias nobles se les permitía ir a una escuela o templo donde recibían formación como curanderas. Allí pasaban la mayor parte del tiempo en silencio, o estudiando religión y medicina.

Cuando los estudiantes aztecas estudiaban los números y cómo contar, aprendían a representar los números por medio de pictogramas.

Los números de 1 a 19 se representaban con puntos o dedos.
20 se representaba con una bandera.
20 x 20 (400) se representaba con un abeto.
20 x 20 x 20 (8000) se representaba con una bolsa.

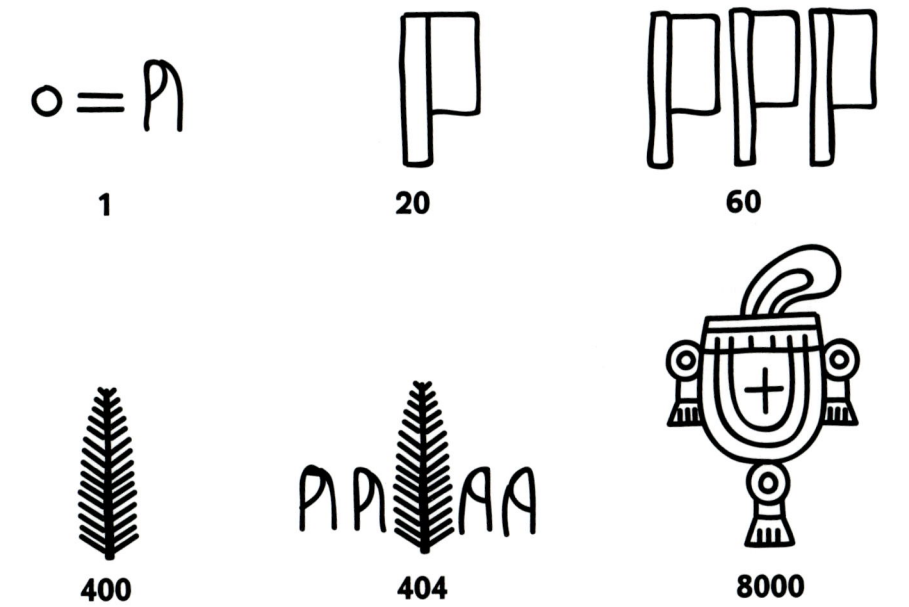

1   **20**   **60**

400   **404**   **8000**

Dioses aztecas

Los aztecas creían que los dioses controlaban todo lo que ocurría en sus vidas, desde el tiempo que hacía hasta el crecimiento de las cosechas. Para ellos era muy importante tener contentos a los dioses.

Los aztecas veneraban a cientos de dioses. Tlaloc era el dios de la lluvia. Coatlicue era la diosa de la tierra y el fuego. Quetzalcoatl era el dios de la vida. Uno de los dioses más importantes era Huitzilopochtli, dios de la guerra y del sol.

El dios del sol

Los aztecas creían que, a menos que le rezaran constantemente y le hicieran ofrendas todos los días, el dios del sol moriría. Eso significaba que el sol no saldría por la mañana. Todo se volvería frío y oscuro, y nada podría crecer ni vivir.

Todos los aztecas participaban en los muchos festivales y ceremonias celebrados en honor de los dioses. En ellos había muchos cánticos y bailes con música tocada con tambores, cascabeles, flautas, silbatos y trompetas hechas con conchas marinas.

Músicos en un festival en honor de los dioses

El calendario azteca

Los aztecas estaban muy interesados en el movimiento de la Tierra y de otros planetas alrededor del Sol. Usaban esta información para hacer una piedra del Sol, que era su calendario. La piedra del Sol dividía el año en 365 días. El año tenía 18 meses de 20 días cada uno. Cada año había cinco días sobrantes, llamados *nemontemi*. En esos cinco días, la gente interrumpía el trabajo y las demás actividades normales y participaba en festivales.

La piedra del Sol era el calendario azteca.

¿Qué pasó con los aztecas?

En 1519, unos exploradores españoles desembarcaron en México. Cuando vieron el rico imperio que los aztecas habían levantado, decidieron reclamarlo para España. Los guerreros aztecas fueron derrotados en poco tiempo.

Sin embargo, muchas de las costumbres y tradiciones de los aztecas aún perviven en México. Algunos pueblos indígenas aún hablan la lengua de los aztecas y celebran ceremonias religiosas tradicionales. Llevan vistosas ropas tejidas a mano y fabrican refinados objetos de artesanía de plata, oro y cerámica. ¡Y en todo el mundo, la gente sigue disfrutando del chocolate!

En México aún se celebran ceremonias aztecas.

Índice

agricultura	8, 14–15
calendario	22
casas	6
comida	14–15
dioses	4, 7, 20–21
educación	18–19
guerreros	10, 13, 14, 18, 23
nobles	9, 12, 14, 19
peinados	13
pirámides	7
plebeyos	6, 12
ropa	12, 23
templos	7, 19
Tenochtitlán	3–5